Anna Fendt

Nach dem Wolkenbruch

Gedichte

© 2020 Anna Fendt
Autor: Anna Fendt
Umschlag und Layout: Leila Pihlas
Originalfoto: „Vuohijärvi" von Sami Laukkarinen
Verlag und Druck: tredition GmbH, Halenreie 40-44, 22359 Hamburg
ISBN: 978-3-347-08127-7 (Paperback)
          978-3-347-08128-4 (Hardcover)
          978-3-347-08129-1 (e-Book)
Die Deutsche Nationalbibliothek verzeichnet diese Publikation in der Deutschen
Nationalbibliografie.

Entspringt das Glück nicht unserer eigenen Entscheidung dafür? Ist es nicht leichter, sich dem Leid hinzugeben, wobei es doch nur weniger Übung bedarf, den Blick auf das Gute zu lenken, mit etwas Flexibilität etwas loszulassen, was man nicht halten kann, und auch einmal einen Schritt beiseite zu gehen, um die Dinge etwas objektiver und auch aus der Sicht eines Anderen betrachten zu können, damit sich vieles relativieren kann, was uns als so erdrückend erscheint. Ist die Grundlage für das Umsetzen dieser Gedankengänge nicht das Gefühl? Denn wie sollen wir etwas Positives sehen, wenn wir es nicht wahrnehmen können und wie sollen wir etwas formen können, wenn wir es nicht in den Händen halten?

Jedoch: Uns wurde das Leben in unsere Hände gelegt!

Inhaltsverzeichnis

I Zeit

II Blicke

III Glück

IV Leid

V Liebe und Freundschaft

I

Zeit

ZEIT

Lass die Zeit nicht Dein Gegner sein
Sondern verein'
Dich mit ihr, so wird jeder Moment
Ein Geschenk, das keine Zeit mehr kennt

UNENDLICH

Du denkst, Du lebst länger mit mehr Zeit
Und siehst gar nicht den Tod in der Unendlichkeit
Denn die Unendlichkeit nimmt der Zeit die Farbe
Mit der Du ausgefüllt hast Deine Tage

Deine Erfahrungen werden klein
Bedeutungslos Dein Sein
Es würde sich anfühlen, so dunkel und leer
So weit wie es hin wär', so weit wär' es her

Denn die Unendlichkeit nimmt dem Augenblick den Wert
Den man nur mit begrenzter Zeit erkennt

Und der Gedanke an die Ewigkeit des Lebens
Nimmt uns die Leidenschaft des Strebens
Nach Glück, nach Sinn und dem Moment
Den man nur mit beschränkter Zeit empfängt

Denn je schneller die Zeit verrinnt
und je weniger Zeit einem bleibt
Desto wichtiger wird im Augenblick
das Gefühl der Glückseligkeit

JEDE SEKUNDE

Ich sauge aus jeder Sekunde
Meines Lebens, um mit deren Nektar meine Wunde,
Entstanden durch Leere und Gleichgültigkeit,
Zu heilen durch Erfüllung und Lebendigkeit

WAHRHEIT IM MOMENT

In jedem Moment steckt ein Funken Wahrheit,
die in diesem so endgültig erscheint
Doch fügst Du sie alle zu einer Einheit,
dann werden sie als Dein Leben vereint

ALLES WAS BLEIBT

Alles, was bleibt
Ist der Moment und das Kleid
An Deinem Leib,
Das Dich gerade in diesem Moment zeigt

Trage es ohne Neid
Und Du wirst sehen, dieses Kleid
Wird so atemberaubend schön sein
Dass das Glück sich Dir zeigt

Dich auffordern wird zum Tanz in Deinen Moment
Nimm den Tanz an, denn der Moment ist ein Geschenk

Denn alles, was bleibt
Ist der Moment und das Kleid
An Deinem Leib
Das Dich gerade in diesem Moment zeigt

UNTER TAGEN

Habe ich durch Loslassen nicht längst gewonnen
Denn im Loslassen liegt doch die Stärke
Sind Herkunft und Ziel des Gefühls schon längst zerronnen
Während die Werke

Deines Handelns und Fühlens unter den Tagen
Unter Antworten und Fragen
Unter Liebschaften hier und da
Unterm Alltag Jahr für Jahr

Hinterlassen mir ein schönes Bild
Das jegliche Sehnsucht nach Dir stillt

II

Blicke

BEGLEITER

Du, mein ewiger Begleiter
Der Du mir schenkst in dunkelster Stunde Licht
Nimmst mich an der Hand und läufst neben mir weiter
Doch ich sehe nicht, wie das Licht sich bricht

In Deinen Tönen
In meinem Gefühl
In Deinen Farben
Meinem Gedankenspiel

Du schenkst mir Licht
Und doch sehe ich nicht
Aber nimm mich an der Hand
Und laufe neben mir weiter
Du, mein ewiger Begleiter

HÖR EINMAL AUF

Lass uns doch einfach mal aufhören, zu interpretieren
Lass es uns doch einfach mal so sein, wie es ist

Lass uns einfach mal aufhören zu reflektieren
Weil unser Leben uns schon so lange vermisst

Lass und doch einfach mal aufhören zu definieren
Lass uns doch einfach mal sein, wer wir sind

Lass uns doch einfach mal aufhören zu kompensieren
Weil alles da ist – Wir sind nur so blind

Für alles, was vor uns liegt
Müssen wir immer werten
Können wir nicht einfach mal nur sein
Um in unseren Schwächen auch einmal die Stärken
Zu spüren, denn wir sind nicht allein

Wir sind umgeben von so vielem
Dem wir uns so oft verwehren

Macht uns nur aus, wie wir etwas definieren
Etwas reflektieren oder interpretieren
Oder macht uns auch das aus, was wir dabei spüren
Wenn wir unseren Zwang verlieren

Den Zwang zu reflektieren
Den Zwang zu interpretieren
den Zwang zu kompensieren
Den Zwang zu definieren

Macht uns nicht auch das aus, was wir dann noch sind?
Waren wir nicht allzu lange schon blind?

LEIDENSCHAFT

Leidenschaft,
Die Leiden schafft,
Mit aller Macht
Auch Kraft entfacht

Lässt das Vergessen die Leere verschlingen
Um es dann dorthin zu bringen
Wo die Leidenschaft wieder schwindet
Erinnerung sich wiederfindet
Gierig all die Leere verschlingt
Wo die Sehnsucht ihr neues Lied einstimmt

DANKE

Danke, dass meine Worte sich entfalten
dürfen und doch ihre Seele behalten
Danke für die ein oder andere Sicht,
die mir so viele Blicke verspricht

Blicke auf Dinge, die mir Reichtum versprechen
Auch wenn sie zuerst auf das Dunkle fielen
Doch Licht wird durch die Dunkelheit brechen
Und meine Pupille mit der Sonne spielen

Danke für die meiner Seele unzähligen Facetten
Die mich töten und doch retten
Danke für den Hoffnungsschimmer, der mich blicken lässt
Auf mein Ziel, mit all meiner Kraft halte ich es fest

Mit all meiner Kraft
Von der ich gar nicht wusste, dass es sie gibt
Doch so spricht wohl ein kranker Mensch,
Der sein Leben liebt

MASKE

Ihm zum Weinen zu Mute
Den anderen zu Gute
Kommt die Maske, die er trägt
Weil sie nichts über seine Tränen verrät

Auch ich sehe seine Maske immer während
Doch mich verzehrend
Nach der Schönheit, die ich hinter ihr vermute
Schenkt er mir das Vertrauen, das ich suche

Und legt seine Maske ab
Zeigt sich mir mit allem, was er hat
Gibt sich die Blöße
Und zeigt sich mir in seiner ganzen Größe

Er strahlt mich an wie Gold, so wertvoll und schön
Ich kann nicht aufhören, hinzusehen
Zu bewundern, seine Schönheit und sein Licht
Und was sein Gesicht verspricht

DAS INNERE AUGE

Wenn Dein Verstand von dannen zieht
Weiß ich trotzdem, Dein Herz, das sieht
Wofür Dein Auge ist so blind
Weil da so viele Dinge sind

Die Dich ablenken, durch dein Denken
Dir keine Sicht auf wahre Schönheit schenken

Denn deine Schönheit steckt in Dir drin
Und Dein inneres Auge allein
Sieht wer Du bist und sieht den Sinn
In Deinem Fleisch und Blut zu sein

MATHEMATIK

Hallo, Du liebe Mathematik
Ich habe Dich so unglaublich lieb
Nur Deine Zahlen
Bereiten mir Qualen
Deine Achsen
Machen Faxen
In meinem Kopf und nach Minus und Plus
Ist bei mir ohnehin schon Schluss
Vom Satz des Pythagoras kann ich nur träumen
Wurzeln kenne ich nur unter Bäumen
Doch Du liebe Mathematik
Ich hab Dich so schrecklich lieb

Du liebe Mathematik
Ich hab Dich so schrecklich lieb
Potenz kenne ich jedoch nur in Mitteln
Primzahlen, die will ich immer dritteln
Funktionen funktionieren bei mir nicht
Was nicht für meinen Quotienten spricht

Ableitung oder Umleitung, ist doch ganz egal
Ich habe sowieso die Wahl
Produkte kann ich immer tragen
Zu blöd, dass die auch Preisschilder haben

Darum liebe ich dich nur von der Weite
Betrachte Dich vorsichtig von der Seite
Dich, meine Mathematik
Die ich doch so unglaublich lieb'

ENTSCHEIDUNG

Wie kann ich mich entscheiden
Wenn Ja und Nein
Sich gegenseitig beneiden
Und doch eins wollen sein

Wie kann ich mich befreien
Wenn nur zum Schein
Nur ein Weg vor mir liegt
Doch er führt mich nicht ins Freie

Hinter was kann ich stehen
Wenn alles um mich liegt
Welchen Weg kann ich gehen
Wenn es keine Richtung gibt

AUGE

Wehrst Du dich, sagt man Dir den Kampfe an
Rennst Du davon, dann holt man Dich ein

Bleibst Du jedoch stehen
Und lässt es geschehen
So kannst Du dem Leben ins Auge sehen

KLASSENTREFFEN

Viele Leute
Heute
Klassentreffen
Viele äffen
Nach, was andere sagen
Fragen
Belanglosigkeiten
Um sich nicht über Altes zu streiten

Und mit jedem Satz, den ich verlier´
Wünscht ich mir, ich wär' nicht hier

Denn ich habe gelogen
Und es ist ungezogen
Zu sagen
Oder zu fragen

Was die Fassade
Des Anderen nicht gerade
Stehen ließe
So als verstieße
Man gegen ein Gesetz
Doch jetzt

Stehe ich auf und gehe zu ihnen hin
Erzähle, was mir in den Sinn
kommt, erzähle, was mir Freude macht
Erzähle, was mich traurig stimmt
Und der einzige, der herzlich lacht
Als der neue Tag beginnt

Bin ich!

DAS INNERE KIND

Hallo, Du mein Kind
Öffnest mir die Augen
Wofür ich doch so blind
Nicht mehr schenken konnte
Meinen Glauben
Doch du lachtest und
Deinen Stimme traf mich tief
Nun kann ich dich hören, mit dir lachen
Nachdem ich nach dir rief
Nach dir, meinem inneren Kind
Als das ich doch geboren
In all den Jahren doch
nur so geschwind verloren

III

Glück

GLÜCK

Der Himmel, der den Regen in Wolken bettet,
Der Sonnenstrahl, der den Tag von der Nacht rettet
Die Zeit, die mir die Hände reicht,
Deren Dauer nichts und niemand gleicht

REICHTUM

Derjenige, der im Anderen Wertvolles erkennt
Bekommt vom demjenigen Reichtum geschenkt

AN DAS SCHLAGZEUGSPIEL

Du, mein dritter Fuß,
Du meine dritte Hand
Du, mein allumhüllendes Gewand
Läufst neben mir weiter, nimmst mich an der Hand
Erkundest mit mir so manch neues Land
Doch betrete ich es mit Dir, ist es mir schon bekannt

Du, mein stetiger Begleiter
Wirfst mich zurück und bringst mich damit weiter
Du, meine alte neue Liebe
Küsst mich und Deine Schläge
Treffen meinen tiefsten Nerv
Der mein Bewusstsein für die Schönheit schärft

Und in jedem Moment
Den die Musik uns beiden schenkt
Verlier'
Ich mich mit Dir
Während ich Dich berühr'

LASS DICH NICHT BEIRREN

Egal, was er zu sagen hat,
Höre hin und nimm es wahr
Es könnte Deine Gedanken färben
Doch stimmt es nicht und ist doch wahr

Drum lass Dich nicht zu sehr beirren
In deiner Lebensphilosophie
Denn sie stimmt nicht und ist doch wahr
Doch für Dich ist sie da

KNOSPE

Unter ihrem Mantel ganz allein
eine Knospe, noch ganz klein
sehnt sich nach einem Sonnenstrahl
dem ganz alleine Gott befahl

Sie wach zu küssen und zu befreien
um Ihr Ihre ganze Schönheit zu verleihen

Nun lebt sie die Blüte ihres Lebens
jedoch vergebens
hält sie an Ihrer Schönheit fest
weil die Schönheit die Dunkelheit hinterlässt

Doch aus der Dunkelheit wird sprießen
eine neue Knospe, die genießen
wird jeden Sonnenstrahl
dem einzig und alleine Gott befahl

Sie wach zu Küssen und zu befreien
um ihr wieder die ganze Schönheit zu verleihen

BESITZ

Ich kaufe immer mehr und mehr
Und doch bin ich leer
Alleine unter so vielen Dingen
Die mich nur auf Irrwege bringen
Und die führen mich weit weg von mir
Bis ich mich gänzlich verlier´

Müdigkeit hält mich in Schach
Doch der Konsum, der hält mich wach
Treibt mich an, bis ich schnell renne
Reibt an meinem Trieb, bis ich für ihn brenne

Doch in all dieser Geschwindigkeit
Weiss ich nicht mehr, wo der Besitz eigentlich bleibt

So entschließe ich mich, ich bleibe stehen
Fange an genau hinzusehen
Zu sehen, wie reich ich eigentlich bin
An Erfüllung und an Sinn

So fange ich an zu verschenken
Gewinne an Fühlen und an Denken
Das mich endlich ruhen lässt
In all der mich umgebenden Hast

WIE GOLD IN MEINEN HÄNDEN

In schweren Stunden
Aus offenen Wunden
Hole ich Dich hervor und betrachte Dich
Wie ein Stück Gold in meinen Händen halte ich Dich
Denn Du erhellst mit Deinem Licht
Die Erinnerung an Dich

WO BIST DU ?

Ich möchte Dich grüßen
Ich möchte versüßen
Dein Leben mit Küssen,
Ich möchte Dich schlagen
Möchte Antworten und Fragen
Von Dir, die mich durch mein Leben tragen

Ich möchte zu Dir kommen
Ich möchte von Dir gehen
Ich möchte Dich spüren
Ich möchte Dich sehen

Doch meine Stimme verliert sich im Nichts
Und ich kann Dich nicht sehen inmitten des Lichts

Wo bist Du
Wer bist Du
Bist Du, was sie aus Dir machen
Wenn sie Dich schlagen und über Dich lachen
Oder bist Du, was Du daraus machst
Während Du selber über Dich lachst

Wer bist Du
Wo bist Du
Du fehlst im Ganzen
Und doch machst Du es so vollkommen
So zeig' Dich Dir
Und zeig' Dich mir
Dann kann ich kommen

Kann ich kommen
Und kann wieder gehen
Kann Dich spüren
Kann Dich sehen

Denn Nichts verliert sich mehr im Nichts
Und ich kann Dich sehen inmitten des Lichts

TRÄUMEREIEN

In Träumereien versunken
Von Sehnsucht volltrunken
Liege ich hier
Und während ich mich verliere
Zerfließe ich in der Sonne
Bis ich einen Sonnenbrand bekomme
Ich wache auf und merke, wie ich schätzen lerne
Mein Zuhause ist hier und nicht in der Ferne

BLATT

Da steht ein Baum
Voll bunter Blätter
Man merkt es kaum
Doch bei dem Wetter
Von Sturm und Wind
Fliegt ein Blatt geschwind
Ans Ufer, wo das Meer beginnt

Doch von einer Böe getragen
Voller Zweifel, voller Fragen
Wird es vom Meer wieder verstoßen
Und von einem großen
Windstoß getragen, fliegt es wieder dahin
Ohne Halt und ohne Sinn

Doch als dann alle Winde schwiegen
Sank das Blatt sanft und blieb liegen
Fand seinen Platz zum Ruh´n und Sein
Und konnte sich so vom Wind befreien

FREIHEIT

Statt unbefangen
Freiheit zu erlangen
Im Geiste gefangen
Dessen Helfer mich zwangen
Meinen Belangen
Mit großem Bangen
Zu erzählen, dass jede Freiheit gegangen

VON DER SONNE GEKÜSST

Von der Sonne geküsste Blüten einer Rose
Umschlingen
Meinen Blick für das Schöne
Denn sie fingen
Ein so manchen Sonnenstrahl
So manche Farben, denen sie befahlen

Sich in meinem Herzen zu spiegeln
Um sich dort zu entfalten und sich dann
In den kalten Tagen des Winters zu zeigen
Während draußen die Tage trübe bleiben

JE TIEFER, DESTO WEITER

Je tiefer ich gehe
Desto weiter ich sehe

Und wohne ich in mir, sehe ich in der Ferne
Was ich fühle und die Sterne
Sind verbunden
Mit meinen Wunden
Deren Schmerz aber in Stunden,
in denen ich sie spüre schon verschwinden

Denn das Gefühl, das heilt
Ganz egal woher es rührt
Denn es befreit
Wenn man es spürt

Und nimmt an eine lichte Farbe
So dass sogar der Wunden Narbe
Nur Schönes erzählt und vom Himmelszelt
in hellem Schein auf mich herunterfällt

EINFACHHEIT

Deine Weisheit, Deine Fragen
Werden von Einfachheit getragen,
Von der Antwort, die wir oft nicht sehen,
Obwohl wir genau vor ihr stehen

WELLE

Sie trägt Deinen Blick auf's Meer hinaus
schenkt ihm die Sicht auf unendliche Weite
Lässt Deine Gedanken wie einen Vogel ziehen
In die Freiheit, während sie sie begleitet
sie trägt und solange mit ihrem Schimmern betört
bis Dein Gedanke nicht mehr möchte weichen
Und somit alle Fesseln löst, die Deinem Alltag gleichen

Und sollte sie gegen eine Klippe schellen
Und sich Dein Herz in tausend glitzernde Teile
verwandeln, so weißt Du, die Welle verspricht
Dir Glück für eine Weile

IV

Leid

STOLZ

Wenn das Leben gegen mich die Hand erhebt
Und mir jeglichen Stolz aus dem Leibe schlägt
Entsteht dort, wo mein Stolz sich verflüchtigt, Wut
Und vom Feuer des Lebens bleibt nur noch die Glut

KICK

Da ist der Kopf, die Sucht, der Kick
Der mit mir spricht,
Nach mir ruft, mit mir schreit
Und der mir verspricht
Den goldenen Flug ins dunkle Licht

Frei bin ich in jeder Faser meines Körpers, meiner Seele
Spüre jeden Winkel, durch den ich mich sonst nur quäle
Sauge aus jede Sekunde bis nichts mehr übrig ist
Und ich wieder ganz unten liege jenseits jeden Lichts

Denn die Decke, die mich wärmte, lässt mich nun ersticken
Lässt meinen Geist und meine Seele Stück für Stück verrücken
Lässt mich leiden, ersticken und erfrieren
Nur die Aussicht auf den nächsten Kick
lässt mich die Hoffnung nicht verlieren

Denn da ist der Kopf, die Sucht und der Kick
Der mit mir spricht
Nach mir ruft, mit mir schreit
Und der mir verspricht
Den nächsten goldenen Flug ins dunkle Licht

LAST

Schwerste Lasten tragend,
schiebt er sein Hab und Gut
Vor sich her, das Leid, das labt
Sich an seinem Leben ohne Mut

Seine Kräfte schwinden
Sein Magen gähnt vor Leere
Und er kann kaum verwinden
Dieses Leben voller Schwere

Doch er ist wohl ein Knecht,
Ein Knecht des Lebens nur
Und diesem Leben gab
Er schon vor Jahren seinen Schwur

Er würde die Last tragen
So lang das Leben will
Und doch hofft er auf das Erbarmen
Das Leben werde still

HÖLLENGLUT

Meine Augen schließen sich
Als wollten sie mir sagen
Mein Leben, das dem Tode glich
Kann ich nicht mehr ertragen

Meine Augen schließen sich
Wollen mit mir Abschied nehmen
Vom Leben, das dem Tode glich
Doch an der Hoffnung lehnend

Dass jenseits von Böse und Gut
Erlösung wird mich finden
Und hinter mir die Höllenglut
Ganz langsam wird verschwinden

WAHNSINN

Sein Blick immer irrer
Seine Gedanken wirrer
Vom Teufel verzückt
Wird er langsam verrückt

Lässt sich von ihm führen
Lässt Qualen spüren
Durch Teufels Hand
In seinem grausamen Gewand

Der Hand des Bösen möchte er entweichen
Nicht mehr dem Fluch des Teufels gleichen
Möchte fliehen, ins Weite ziehen
Doch das neue Land ist nur geliehen

Denn sein Blick bleibt irr´
Die Gedanken wirr
Sein Ziel nicht zu sehen
Was bleibt, ist sein Flehen

BILDNIS

Er möchte nicht verstehen
Er möchte auch nicht sehen
Weil er ihm sonst ganz gehört
Dem Schmerz, der ihn dann ganz zerstört

Doch als seine Gedanken drohen
ganz abzuschweifen
Nimmt er sein Herz in die Hand,
denn dessen Hände möchten greifen
nach seinen Gedanken,
um sich mit ihnen zu vereinen
Und seine Hand formt voller Sorgfalt
ein Bildnis von den Beiden

Das Bildnis seiner Seele, seiner Gedanken,
ja, der Schmerz
Der Ursprung seines kranken Geistes
und seinem gebrochenen Herz
Das Bildnis mit all seinen Farben, all seinen Formen,
Er kann es sehen,
kann es berühren, kann es streicheln
und kann es dadurch verstehen

Und er merkt, wie er nur noch sich selbst gehört
Und seinen Schmerz ganz langsam
mit eigener Hand zerstört

HUNGER DES TODES

Wie können Leben und Tod sich die Hände reichen
Wenn sie sich so gar nicht gleichen
Was unterscheidet das Leben vom Tod
Wenn das Leben trübt solch' Not

Lass mich in den Schlund des Todes
Stürzen, wenn des Lebens Lippen
Mich mit ihren süßen Küssen
Niemals wieder werden beglücken

So hungrig der Tod
So satt mein Leben
Der Erlösung gilt mein Streben

TEUFELS HAND

Meine Seele in Teufels Hand
Gefoltert durch die Qualen
Eines Fluches und durchrammt
Von eisernen stählernen Pfählen

Nun liegt es auch in Teufels Hand
Da ich auch umzäumt von diesen Pfählen
Mir anzulegen ein bleiernes Gewand
Um meine Tage zu zählen

Die Fratzen des Todes mich verschlingen
Schreie des Schmerzes mich durchdringen
Und die Tränen meiner Seele, durchtränkt mit Blut
Tropfen auf die heiße Höllenglut

V

Liebe und Freundschaft

LIEBE

Mein Problem ist, dass mein Herz
nach Dir schreit, nach Dir verlangt!
Nachdem es sich an Dich verschenkt hat,
um sein Leben bangt

Und all die Macht, all die Kraft
Und alles wofür es schlägt,
Schlägt so laut, dass jeder
Gedanke verstummt
und sich verrät

Die Angst, die alles beiseite
drängen will
Wonach ich mich doch so sehr
sehne
Wird irgendwann ganz still

Denn übrig bleiben nur die Spähne
Des Zweifelns aufgerieben
Vom Kampf gegen mein Herz
und übrig geblieben

Ist die Liebe

BESTE FREUNDE

Ich sitze hier in Dunkelheit
Warte darauf, dass mich befreit
Etwas von dieser großen Qual
Der Finsternis, die wie aus Stahl
Kalt mich umgibt und mich lässt frieren
Und jegliche Hoffnung auf Wärme verlieren

Doch da dringt plötzlich ein
Ein Sonnenstrahl, der einfach mein
Sein soll, geschickt von Dir
Als wolle er sagen: Ich bin hier

Als Deine Sonne, wenn Du brauchst Licht und Wärme
Ich öffne Dir den Himmel, damit Du die Sterne
Sehen kannst und auch ich weiß
Du bist bei mir, mal laut, mal leis`

WORTE

Du sprichst
Ich spreche
Worte

Fliehen hinaus ins Irgendwo
Treffen sich an einem fremden Orte
Vermählen sich, umschlingen sich

Und ich und Du
Sitzen voreinander und lauschen
Noch dem Echo unserer Worte

Das von Sehnsucht singt und
ohne auch nur ein Wort zu tauschen
Finden wir uns wieder
an diesem fremden Orte

BEGEGNUNG

Eine Begegnung mitten ins Herz
Glasklar sehe ich jeden Schmerz
Jede Facette von Dir in mir
Während ich mich in Deinem Spiegel verlier´

BLICK INS LEERE

Ich will dir in die Augen sehen
Und doch sehe ich ins Leere
Ich spüre, wie die Leichtigkeit
Sich umwandelt in Schwere

Der verzweifelte Versuch, Dich zu berühren
Lässt mich den Stich der Ohnmacht spüren
Denn mein Herz lässt sich verführen
Um dann seinen Sinn zu verlieren

DEINE BLÜTEN

Ich gehöre nicht mehr mir
Ich gehöre schon lange Dir

Denn mein Herz schmiegt sich an Deines
Wie an ein weiches Kissen
Und Deine Gedanken lassen mich wissen:

Deine Hände werden mich immer behüten
Und auch die Blüten
Meines Lebens
Waren nie vergebens

Sowohl im Tun als auch im Sein
Denn sie waren schon immer Dein

FREUNDSCHAFT

Unsere Freundschaft getragen
Von Philosophien und Fragen
Enthält nur eine Antwort, die zählt
Die, in der jegliche Frage fehlt

Denn das, was bleibt
Ist eine Freundschaft,
Auch wenn man schweigt

Fernab jeglicher Intensität einer Liebe
Dennoch immer existent
fühlt sie sich manchmal an, als ob sie´s gar nicht gäbe
Und doch nimmt man sie wahr, wenn man sie kennt

Denn sie ist an jedem Ende
Und auch wenn sie sich nicht immer zeigt
Reicht sie dir dennoch die Hände
Wenn nichts mehr als die Freundschaft bleibt

UNSERE RUNDE

Eine kleine Runde
Zu zweit
Eine Stunde
Ohne Neid
Denn wir tragen ein Lächeln
Auf unseren Lippen
Und ein kurzer Blick
Erzählt uns ein Stück
Vom großen Glück
Das doch so zart und leise erscheint
Als ob es nur uns beide meint

UNTER DER ERDE

Unter dunkler schwerer Erde
Ja, da liegt ein Samen
Ich weiß, dass ich es oft verberge
Doch dieser Samen trägt meinen Namen

Er sehnt sich nach ein wenig Wärme
Nach einem Sonnenstrahl, der zu ihm spricht
Ihn befreit, doch nur Deine Liebe
Lässt erwecken seine Triebe

Lässt sie entfalten zu einer schönen Blüte
Und Sonne und Wind haben plötzlich die Güte
Und streicheln ihre Blätter zart
Bis es wieder dunkel ward

Denn Deine Liebe ist verschwunden
Und in diesen dunklen Stunden
Geht ganz allein die Blüte ein
Vereint sich wieder mit der Erde
Doch ich als Samen, ja ich werde

Wieder warten auf Deine Liebe
Die erwecken lässt meine Triebe
Damit die Sonne und der Wind
Und ich wieder beisammen sind

FEDERN

Wir liegen da, zu zweit
Und doch jeder für sich allein
Und jeder von uns wäre bereit
Den anderen von seiner Angst zu befreien

Doch er traut sich nicht
Es ist Unsicherheit, die spricht
Aus seinen Augen, so als wolle er sagen
Er hätte noch so viele Fragen

So liegen wir da, stumm, zu zweit
Und wie Federn fliegen sie dahin
Unsere Gedanken, ganz, ganz weit weg
Und ganz tief in uns drin

Wünschten wir uns unsere Federn
Würden irgendwo miteinander tanzen
Sich umwerben und sich streicheln
Um sich dann mit ihrer ganzen
Schönheit zu zeigen
Sich zueinander zu neigen
Um dann für immer zusammen zu bleiben

LEERES BETT

Du hast meinem Leben Farbe gebracht
Hast es erst zu einem Leben gemacht
Und ich habe neben Dir gelegen
Und Dir, was ich konnte, gegeben

Doch nun bist Du weg
Und alles, was bleibt
Ist ein leeres Bett
Und ein Leben, das schweigt

Verstummt ist, nachdem Du gingst
Weil Du jetzt nicht mehr für mich singst

Statt dessen sitze ich hier alleine
Kalt ist es um mich herum und still
Trau mich kaum aufzustehen, aus Angst, meine Beine
Trügen mich nicht mehr, obgleich ich will

Denn der Boden unter meinen Füssen, die Kraft und die Wärme
Und meines Lebens Melodie
Warst Du, und doch weiß ich, ich werde
Dich hier wiedertreffen nie

Denn Du bist nun weg
Und das, was bleibt
Ist ein leeres Bett
Und ein Leben, das schweigt

BANK

Die Bank
Sie ist der schönste Platz der Welt
Sie ist die, die die Sonnenstrahlen hält
Die auf uns strahlten, als wir dort saßen
Uns alles sagten
Was wir bisher nur zu denken wagten

Die Bank, sie ist der Ort
Für ein offenes Wort
Für Glück und Leid
Ein Gespräch, das befreit

Ich danke Dir, Bank, dass Du dort stehen bleibst
Egal ob es regnet, stürmt oder schneit
Du bleibst an diesem Ort
Kein Jahrhundert treibt Dich fort

Und fühle ich mich mal allein
Dann lege ich mich auf Dich,
Lasse die Gegenwart gegenwärtig sein
Und in der Erinnerung die Gespräche aufleben
Von damals, und die Gedanken schweben

Liebe Bank.

Hab` großen Dank

Mit Dir bin ich mit der Erinnerung verbunden

Die so manche Wunden

Heilt, die entstehen

Wenn die Jahre vergehen

WORTE IN DER LUFT

Du redest mit mir
Und ich mit Dir
Doch die Worte in der Luft
fallen zwischen uns
in eine tiefe Kluft

Wir versuchen uns noch aneinander festzuhalten
Doch das Blut in unseren Händen ist gefroren
Und ehe wir noch versuchen zu verstehen,
haben wir uns schon längst verloren

MEINE KLEINE SCHWESTER

Nach außen mal hart
Doch innen ganz weich
Mal rabiat
Und doch so reich

An Treue, Liebe und Mitgefühl
Und auch Fürsorge trägt sie so viel

Ja, das ist sie, meine Kleine
Ich könnte schreiben so viele Reime
Und doch will ich nur eines sagen
Ich werde sie immer in meinem tiefsten Herzen tragen

Sie schenkt mir Halt und Sicherheit
wenn es mir nicht gut geht und hüllt mich in ein Kleid
Aus Liebe und Geborgenheit
Das mich von manchem Schmerz befreit

Denn da spüre ich sie dann wieder, meine Kleine
Und auch ich lass' sie niemals alleine
Denn ich hab sie fest lieb, nein noch viel fester
Meine kleine liebste Schwester

WEGE DES VERGESSENS

Unsere Liebe
Lässt die Triebe
Der Pflanze, die uns verbindet
Wieder aufblühen in der Hoffnung
Dass die Liebe nie verschwindet

Ich verspreche Dir, ich werde Dich nie im Stich
Lassen, solange die Erde
Sich um die Sonne dreht
Und ihr Licht mir Sicht
Auf unsere Liebe verspricht

Ich verspreche Dir, ich werde
Für Dich da sein, bis ich sterbe
Werde Dich wärmen
Mit meinen Armen,
Während wir unter den Sternen
Liegen
Und unsere Gedanken ins All hinaus fliegen

Allzu lange war sie vergraben
Unsere Liebe unter den Tagen
Die sich nach und nach auf uns legten
So als hegten
Sie nur einen Plan
Uns zu trennen nach all den Jahren

Und tatsächlich, der Schmerz ließ nach und die Gedanken
Verflüchtigten sich durch die kranken
Wege des Vergessens, doch die Erinnerung wird siegen
Und die Liebe letztendlich mit uns fliegen

DÄMMERUNG

Wir sitzen da bei fahlem Licht
Gerade eine kleine Lampe tut ihre Pflicht
Draußen stürmt es und der Regen
Klopft ans Fenster und während wir reden
Merken wir, wir müssen es nicht
Weil die Stille zwischen uns schon spricht

Wir sehen uns in die Augen
Lassen uns dadurch jeden Zweifel rauben
Denn wir merken, welch' Wärme im Raume liegt
Während mein Gefühl sich an Deines schmiegt

Draußen stürmt es und der Reegn
Klopft ans Fenster und wir legen
Uns nebeneinander
Und die Ruhe spricht
Ich liebe Dich
Ein Satz, der einem Wunder glich

MIT DIR SCHWEIGEN

Ich will einfach nur mit Dir schweigen
Bis sich die Festtage zu Ende neigen
Draußen funkelt es und Leute lachen
Doch es sind wir, über die die Engel wachen

Denn ruhig ist es in unserer Stube und warm
Und an uns vorbei geht draußen der Lärm
Wir sitzen da und Deine Blicke wollen mir sagen
Ich liebe dich gerade an solchen Tagen

Denn mit Dir kann ich schweigen
Bis sich die Festtage zu Ende neigen

TRITT ZU!

Du hast mich nicht verdient
Mein Herz hat lange genug Deiner Abneigung gedient
Unter ihr gelitten
Sich mit meinem Verstand gestritten

Deshalb : Tritt zu tritt zu!!
Zerlege mein Herz! Nur zu!

Denn Du kannst damit nichts erreichen
Wirst nicht aus meinem Herzen weichen
Denn ich bekomme Dich nicht los

Denn obgleich Du bist ganz still,
Durchdringst Du mich ganz mit Deiner Stimme
Ganz egal, ob ich es will

Du hast mich nicht verdient
Mein Herz hat lange genug Deiner Abneigung gedient
Unter ihr gelitten
sich mit meinem Verstand gestritten

Und doch kannst Du an meinem Herzen reißen
Dich festbeißen
An Deinem kalten Verhalten
Dich in Deiner ganzen Grausamkeit entfalten
Über meine Seele walten

Deshalb: Tritt zu! Tritt zu!
Zerlege mein Herz! Nur zu!   …..

GETRAGEN VON GEFIEDER

So sicher sind wir uns in unserer Liebe
So dass keine tausend Diebe
Getragen von Eifersucht, Zweifel oder Neid
Etwas davon stehlen könnten, denn wir sind bereit

Bereit für unser Vertrauen
Sicher in unserem Entschluss
Den anderen aus den grauen
Stunden zu befreien mit einem Kuss

UNSER MOMENT

Da ist dieser Moment
Den keiner kennt
Zu wertvoll, um ihn einfach zu verschenken
Denn er beeinflusst mein Fühlen und mein Denken

Braucht es immer einen Grund für Liebe
Oder reichen nicht die tausend Hiebe
Die man spürt
Und das Glück, das uns entführt
In diesen Moment
Den sonst keiner kennt

Anna Fendt, geb. 1981 in München, ist eine deutsch-finnische Liedermacherin und Musikerin. Ihre Texte sind bereits in mehreren Anthologien erschienen. Nun veröffentlicht sie mit „Nach dem Wolkenbruch" eine eigene Auswahl ihrer Gedichte.